AF338885

LA

RÉPUBLIQUE

SANS LES

RÉPUBLICAINS

ÉPITRE AUX MONARCHISTES

PAR E. THIRION

AUTEUR DU CATÉCHISME RÉPUBLICAIN.

Ceux qui détrompent les Peuples sónt
leurs véritables bienfaiteurs.
(VOLTAIRE, ESSAI SUR LES MŒURS, etc.).

SENLIS
LIBRAIRIE DE E. PAYEN
Place de l'Hôtel-de-Ville.

1871

PRIX : 10 CENTIMES.

LA
RÉPUBLIQUE
SANS LES
RÉPUBLICAINS

ÉPITRE AUX MONARCHISTES

PAR E. THIRION,

AUTEUR DU CATÉCHISME RÉPUBLICAIN.

Ceux qui détrompent les Peuples sont
leurs véritables bienfaiteurs.
(VOLTAIRE, *Essai sur les Mœurs*, etc.).

SENLIS
LIBRAIRIE DE E. PAYEN,
Place de l'Hôtel-de-Ville.
1871

LA RÉPUBLIQUE SANS LES RÉPUBLICAINS

I.

Aristocrates de toutes nuances, partisans résolus de toutes les réactions, fauteurs de toutes les restaurations, admirateurs de toutes les monarchies, votants affirmatifs de tous les plébiscites de l'Empire, c'est à vous que je m'adresse; c'est par vous que je veux voir fonder la République.

Le moment est bien choisi : vous commencez la liquidation de votre dernière opération monarchique; vous êtes en train de payer le reliquat du second empire, et après avoir vidé votre poche droite au profit des Allemands, vous vous apprêtez à vider votre poche gauche pour réparer les ruines de l'invasion.

Un gouvernement économique, surveillé par vous mêmes, travaillant au grand jour, peu de gaspillage, pas de favoritisme, un emploi judicieux à ce qui est strictement utile du peu d'argent qui va vous rester, voila très probablement ce qui vous paraît indispensable, en présence d'une dette publique qui aura augmenté de sept à huit milliards au moins depuis vingt-deux ans.

D'ailleurs vous êtes, au fond, plus républicains que vous n'en avez l'air; quand on gratte un peu trop fort le royaliste, on finit par rencontrer l'épiderme encore très impressionnable du vieux niveleur de 93; et à chaque fois que vous changez de gouvernement, vous avez, entre deux, un petit accès de fièvre républicaine, maladie intermittente que vous tenez de vos grands-pères et qu'on n'a jamais pu parfaitement guérir.

Vous aimez la *liberté* pour vous, sauf parfois à la laisser violer au détriment de vos adversaires politiques; vous avez à peu près conservé le culte de l'*égalité*, parce qu'il vous flatte davantage, et vous n'êtes jamais bien loin de vous estimer autant que tous les princes de familles ci-devant exilées auxquels vous donnez avec enthousiasme vos suffrages; quant à la *fraternité*, c'est une justice à vous rendre que vous la pratiquez volontiers, quand on ne vous l'impose pas.

Il ne vous manque, pour être de parfaits républicains, que d'avoir le courage de généraliser ces sentiments, et de comprendre qu'ils sont aussi bien applicables au-dessous de vous qu'au-dessus; il suffit pour cela de vous défendre de l'envie bien naturelle de constituer à votre profit un privilège des droits que vous avez ravis à la noblesse et au clergé, et que vous aimeriez peut-être un peu trop ne pas partager avec les prolétaires.

En attendant, vous êtes volontiers de ceux qui rient des prestiges de la grandeur, des titres de noblesse achetés par des goujats enrichis ou donnés à des dévouements aveugles, et vous regardez avec une souveraine indifférence les couronnes de laurier et les armoiries si souvent changées de nos pièces de cent sous, beaucoup plus soucieux de maintenir à la monnaie elle-même sa valeur réelle.

II.

De vrai, tout le monde à peu près croit que la République est le seul gouvernement possible aujourd'hui; cela tient sans doute à ce que c'est le seul que l'on n'ait pas encore sérieusement essayé.

En effet, il ne faut pas citer 1793; à cette époque on n'était pas en République, mais en pleine Révolution, ce qu'il ne faut pas confondre; la République est un gouvernement aussi bien administré qu'un autre, tandis que la Révolution c'est le chaos, c'est l'absence de tout gouvernement sérieux, c'est une maladie du corps social qui a la fièvre et qui cherche le remède à ses maux.

Quant à 1848, c'est presque de la mauvaise foi que de vouloir citer la République de ce temps-là en exemple; une République administrée par un prétendant au trône, tout le monde le comprend, ne peut pas durer longtemps. C'est absolument comme si vous donniez votre dîner à garder à un chien; je sais qu'il y en a d'assez bien dressés pour s'acquitter consciencieusement de cette tâche, mais il sont très rares et en général il ne faudrait pas s'y fier.

Par exemple, ce qui a été essayé souvent et sous toutes les formes imaginables, c'est la monarchie; et, vous en conviendrez vous-mêmes, jusqu'à présent elles ont toutes assez mal réussi.

La monarchie absolue a fait perdre à la France, outre son argent et l'élite de sa population, tout ce que les glorieuses guerres de la Révolution lui avaient acquis.

La monarchie de droit divin s'est mise en lutte ouverte avec les principes unanimement adoptés en 1789; elle a voulu faire la loi à la représentation nationale, et vous l'avez renversée. Il vous en a coûté trois jours de guerre civile et cinq ou six ans de malaise commercial et industriel.

La monarchie constitutionnelle, après avoir fait vos délices pendant quelques années, a voulu s'immobiliser dans un temps où tout commençait à marcher à la vapeur, et elle a fini par tomber devant un progrès nécessaire auquel elle refusait de consentir. Deux batailles dans Paris, sans compter quelques petites dans les départements, les transportations, les exils, quinze ans de guerres très coûteuses qui ont doublé la dette publique, ont été la suite de cette quatrième révolution.

C'est alors que vous avez eu l'idée merveilleuse d'essayer d'une monarchie héréditaire basée sur le suffrage universel; l'eau et le feu, la quadrature du cercle, la pierre philosophale de la politique; un peuple maître de lui-même gouverné par une famille dont il lui faut à perpétuité subir l'héritier, quel qu'il soit. Moins nous parlerons de cette bévue fatale, mieux cela vaudra.

De sorte que l'on se demande quelle autre forme de monarchie on pourrait encore imaginer aujourd'hui, et déjà quelques esprits peu soucieux d'aventures pensent à essayer sérieusement de la République, faute de mieux.

III.

Après tout, c'est assez séduisant la République. On a bien un peu plus de mal que sous la monarchie ; il faut voter plus souvent ; il faut écouter et juger les candidats, au lieu de les accepter tout faits des mains de son préfet ou de son garde-champêtre ; il est bon même de prendre au sérieux le service de la garde nationale. Mais, d'un autre côté, on est un vrai citoyen, c'est-à-dire quelque chose dans le gouvernement du pays ; et puis, en définitive, on est sûr de ne pas se voir fouler aux pieds par des fonctionnaires que l'on n'a pas nommés, de ne payer que les impôts que l'on a votés, de pouvoir dire son mot dans les négociations des traités de commerce, et enfin de ne pas être forcé de faire, malgré soi et à ses dépens, la guerre aux Russes pour l'Angleterre, aux Autrichiens pour l'Italie, aux Italiens pour le Pape, aux Chinois pour je ne sais quoi, et aux Mexicains pour... ce que vous savez.

Pourquoi donc hésitez-vous encore, à l'époque critique où nous sommes ? Pourquoi, persuadés comme vous l'êtes que la République est le gouvernement le plus stable et surtout le plus économique que vous puissiez choisir, semblez-vous pencher vers ce fantôme de monarchie constitutionnelle que ce bonhomme de Lafayette appelait la meilleure des Républiques ?

Parlons franchement! La République en elle-même ne vous déplaît pas; mais vous avez un peu peur des Républicains; avec leurs prétentions exclusives, fruit d'un demi-siècle de persécutions, avec leurs craintes continuelles de la réaction, leur raideur de principes et les souvenirs de 93 qu'ils évoquent à tout propos, leur tendance à la dictature, leur incurable défiance du bon sens public, ils vous rappellent malgré vous les Jacobins d'il y a quatre-vingts ans ou les Bousingots de 1830.

Ma foi, s'il faut vous dire la vérité, je partage un peu votre manière de voir, et, tout Républicain que je suis, leurs façons d'agir me gâtent singulièrement mon idéal; je me demande si, une fois à l'œuvre, ils ne confisqueraient pas à leur profit la liberté, au nom de laquelle ils prétendent nous entraîner tous dans leur parti.

Dans leur parti! voilà un mot qui m'est échappé et qui contient précisément leur condamnation. La République, comme son nom l'indique, est la somme des intérêts de tous et non des intérêts de quelques-uns. A la vérité, depuis si longtemps que vous, majorité, vous nous la montrez pour nous la retirer aussitôt, sans vous inquiéter de savoir si ceux qui se sont dévoués pour l'établir ou la maintenir iront expier, en Afrique, en exil, quelquefois même à Cayenne, le crime de vous avoir pris au mot, il sont bien excusables, chaque fois qu'une occasion s'en présente, de se cramponner à cette ombre de République, de craindre sans cesse qu'elle ne leur échappe encore, et de risquer un peu d'absolutisme pour la conserver. Mais en résumé aujourd'hui, il faut bien en convenir, la République est un principe, mais les Républicains sont un parti.

Ils ont une manière d'entendre le dogme de la Liberté, de l'Egalité et de la Fraternité qui fait de la Liberté un patrimoine qu'ils n'entendent partager avec personne, de l'Egalité un petit système de bascule en vertu duquel ceux qui étaient en haut doivent leur céder à perpétuité leur place à eux qui se trouvaient en bas, de la Fraternité enfin, une espèce de forêt de Bondy par laquelle ils ont l'air de vouloir faire passer les riches afin de les dépouiller au profit de ceux qui n'on rien, et souvent au profit de ceux qui ne veulent rien faire pour acquérir quelque chose.

Il en résulte que vous les privez eux-mêmes de la liberté qu'ils ne voulaient pas vous accorder, que vous vous réservez les emplois qu'ils ne voulaient pas partager avec vous, et que, chaque fois que vous entendez parler de socialisme, vous boutonnez avec acharnement la poche où vous avez l'habitude de mettre votre porte-monnaie. Et voilà invariablement comment la République tourne en monarchie, au milieu de la dispute de ceux qui n'en voulaient que pour eux et de ceux qui finissent par ne plus en vouloir du tout.

IV.

Comment faire aujourd'hui? Vous êtes dégoûtés de la monarchie à cause des Rois et des Empereurs qui vous coûtent si cher, de la République à cause des Républicains qui vous la font si dure. Dame! on ne peut pas faire une monarchie sans monarque, ni une République sans Républicains.

Eh bien! c'est précisément ce qui vous trompe. Une monarchie sans monarque, ce n'est pas possible; mais une République sans Républicains c'est aisé. J'entends sans Républicains de la veille, ceux qui prennent la République pour un bien de famille et n'en veulent faire part à personne. Pour cela vous n'avez qu'une chose à faire : faites-la pour vous, et pour plus de sûreté faites-la vous-mêmes!

Rien de plus facile et de plus juste en même temps, car vous êtes l'immense majorité du Peuple Français; vous étiez lors du dernier plébiscite sept millions et demi sur environ neuf millions de votants, et quand vous travailleriez un peu trop visiblement pour vous-mêmes, sous un régime de Suffrage universel personne n'a le droit de le trouver mauvais. Cette volonté, vous pouvez l'affirmer par un nouveau plébiscite, ou au moins en renonçant à soutenir ces candidats menaçants pour la République qui viennent invariablement et l'un après l'autre de l'étranger, passant, par un jeu de bascule qui se renouvelle environ tous les vingt ans, de l'exil au trône..... et réciproquement.

Vous ne laisserez pas d'y gagner quelque chose; d'abord vous serez débarrassés des rois qui coûtent très cher, et qui ont de plus l'inconvénient d'amener, à époque fixe, soit par leur mort, soit par leur mauvaise manière de gouverner, des catastrophes ruineuses qui troublent la tranquillité, arrêtent les affaires, font baisser la rente et hausser le cours des denrées alimentaires.

Ensuite vous aurez désarmé la moitié au moins de vos ennemis, les Républicains de bonne foi, aussi honnêtes et aussi tranquilles que vous, mais qui, plus convaincus que vous, se donnent bien garde de vous soutenir quand vous essayez de retenir, à coups de fusil, une de vos monarchies qui s'écroule.

Enfin vous ôterez tout prétexte aux émeutiers, aux sectaires, aux gens de désordre qui, Républicains sous un roi, sont tout simplement des perturbateurs sous une République; que toute la gendarmerie, l'armée, la police, la haute-cour ne peuvent souvent contenir dans le premier cas, et dont la police correctionnelle vient très aisément à bout dans le second.

Que dis-je? les prétendants eux-mêmes, qui sont plus dangereux pour votre repos que vous ne paraissez disposés à le croire, passeraient à l'état de ces fantômes innocents qui n'effraient que les simples d'esprit; d'ambitieux prêts à tout oser, au risque de tout détruire, ils deviendraient, comme par enchantement, de bons Français comme vous et moi, une fois que vous auriez affirmé bien haut qu'il n'y a plus à compter sur vous pour quelque restauration.

A la vérité un scrupule pourrait vous retenir, et vous vous demandez peut-être si, en bonne conscience, on ne pourrait pas vous adresser un reproche d'apostasie, en vous voyant abandonner le principe monarchique après l'avoir si longtemps soutenu. Qu'importe? N'avez-vous pas déjà passé des Bourbons aux d'Orléans, des d'Orléans aux Bonaparte — sans profit aucun, soit dit entre parenthèses. Et puis d'ailleurs ce serait votre dernière apostasie cette fois, tandis qu'avec une nouvelle dynastie, personne de vous n'oserait en dire autant.

Ce qu'il y a de sûr, c'est que si vous votez encore une fois pour une monarchie, pour le coup personne ne vous plaindra quand il faudra payer les frais.

V.

Quant à moi, je dois le dire, je tiens essentiellement à la République, et je ne vous cache pas que si vous ne la votez pas avec moi, je la voterai sans vous. Et c'est précisément pour cela que je tiens à vous convaincre, car vous êtes majorité, et sans vous rien de]solide ne peut s'établir.

D'ailleurs vous êtes les honnêtes gens, comme vous dites — moi je dis les gens tranquilles, parce que j'ai la prétention d'avoir vu beaucoup d'honnêtes gens parmi les Républicains. Vous ne nous ferez pas une République très démocratique, mais enfin ce sera une République. D'un autre côté vous ne nous donnerez pas le spectacle des violences et des protestations armées, et il y a lieu d'espérer que vous ne gâterez pas la besogne par vos exagérations. Quand à la perfectionner, ce sera l'affaire du temps, et il y a apparence que vos fils seront plus démocrates que vous.

En attendant, on peut vivre en République sans troubles, sans émeutes, sans clubs, sans processions démagogiques, voire même sans arbres de la liberté. On peut être libres sans hurler la *Marseillaise* du matin au soir; on peut être égaux sans porter de longues barbes et des képis; on peut être frères sans appeler aristos ceux qui ne disent pas comme vous. Mais aussi pour être libres il faut pouvoir tout dire et tout écrire sans avoir à craindre autre chose que le jury; pour être égaux il faut que le scrutin puisse porter n'importe qui au pouvoir, même un Républicain ; pour être frères il faut discuter sérieusement les questions sociales, et ne pas plus les rejeter sans les entendre que les appliquer sans les connaître.

Or, en voyant les clubs républicains exclure de leurs listes de candidats tous les hommes rompus aux affaires, quand la France a tant besoin de capacités pour remettre un peu d'ordre dans son administration ; les journaux républicains déclarer que la France est perdue si elle est gouvernée par d'autres que par leurs rédacteurs ordinaires ; les dictateurs républicains défendre au quart des Français de prendre leurs représentants dans les trois autres quarts, je me demande ce que la Liberté, l'Egalité et la Fraternité vont devenir entre les mains de ces gaillards-là.

Décidément je vous aime mieux que les Républicains. Mais à la condition que vous voterez pour la République; car j'aime encore mieux la République que vous.

VI.

Il faut conclure. — L'ordre est la base de la prospérité d'une nation ; mais l'ordre est impossible sans la liberté. A moins que vous n'entendiez l'ordre à la manière des Czars, et ne veuillez l'imposer en France de la même manière qu'en 1831 ils le faisaient régner à Varsovie.

Vous êtes l'ordre, et nous sommes la liberté, — Unissons-nous!

Le passé nous apprend que la République imposée par une minorité n'a pas de chances de durée. Le même passé vous a surabondamment démontré que la monarchie appelait les émeutes pour commencer, et les révolutions pour finir.

En résumé : La République n'est possible qu'avec vous ; mais la tranquillité n'est possible qu'avec la République.

Senlis. imp. et lith. E. Payen.

SENLIS

IMPRIMERIE DE E. PAYEN,

Place de l'Hôtel-de-Ville.